JULES IMBERT

LE CHRIST DANS LA TRANCHÉE

PIÈCE EN UN ACTE

COLLECTION DE THÉATRE CHRÉTIEN
DES " CAHIERS CATHOLIQUES "

1928

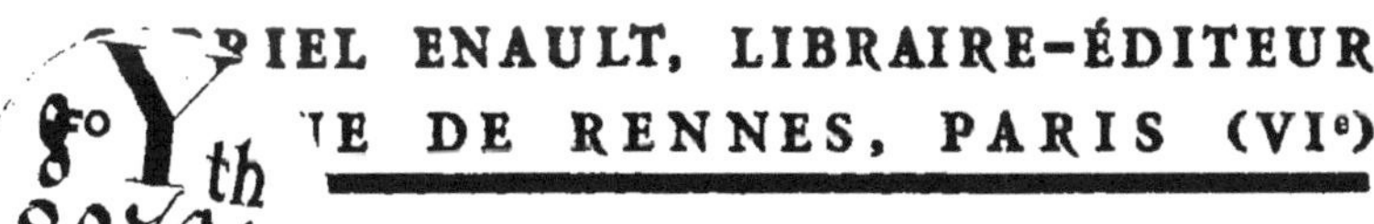
…BRIEL ENAULT, LIBRAIRE-ÉDITEUR
…E DE RENNES, PARIS (VIe)

LE CHRIST
DANS LA TRANCHÉE

DU MÊME AUTEUR

THÉATRE

La Magdaléenne, préface de Edmond Rostand, Lethielleux, Paris.

Le Prodigue, préface de Théodore Botrel, Lethielleux, Paris.

Jeanne d'Arc, préface du Cardinal de Cabrières, Boulord, Niort.

Les Roses de Noel, pastorale, Boulord, Niort.

Les œuvres de J. Imbert sont au répertoire du *Bon Théâtre* et des *Sociétés d'Education Populaire Catholiques.*

(Sans droits d'auteur.)

ŒUVRES DIVERSES

Ceux qui espèrent, Collection pour tous. Mame.

Agathé-la-Belle, Collection pour tous. Mame.

En Attendant, romans populaires. Bonne Presse, Paris.

La Pluie de Feu, romans populaires. Lethielleux, Paris.

Tous ces ouvrages sont en vente à la librairie GABRIEL ENAULT, 77, Rue de Rennes, Paris 6e.

JULES IMBERT

LE CHRIST DANS LA TRANCHÉE

PIÈCE EN UN ACTE

Épisode de la Grande Guerre

1928

GABRIEL ENAULT, IMPRIMEUR-ÉDITEUR
A PARIS, 77, RUE DE RENNES, (VIe)

PERSONNAGES

LE CHRIST
LE POILU
LE BLEUET
LE SOLDAT ALLEMAND

Pour la mise en scène on n'a pas à chercher un décor toujours coûteux : de la grosse toile de sacs, des branchages, l'éclairage ménagé aux endroits qu'il faut, donneront suffisamment l'illusion.

LE CHRIST DANS LA TRANCHÉE

SCÈNE I

Une tranchée de première ligne, quelque part, sur le front. La nuit.

LE POILU, LE BLEUET

Ils sont assis contre le parapet, remettant en ordre leur musette après le repas qu'on devine qu'ils achèvent.

LE POILU, *se relevant.*

Rien ne bouge. Il fait froid. Pas une étoile aux cieux.
C'est moi qui veillerai, petit: j'ai de bons yeux,
Puis j'aime assez quand il fait noir monter la garde.

LE BLEUET.

C'est donc toujours à vous?

LE POILU.

« Ne t'en fais pas » Regarde:
Nous, on est déjà vieux, on a fini son temps,
On est blindé comme des « as » ou presque autant...
S'il faut qu'un de nous deux achève ici sa route
Tant vaut-il que ce soit le plus cassé, sans doute.
Dors tranquille: veiller c'est l'affaire des vieux.

LE BLEUET.

Vous êtes bon. Merci.

LE POILU.

L'on voudrait faire mieux.

LE BLEUET, *avant de s'endormir, s'agenouille et prie naïvement, comme s'il était seul.*

Vous qu'on appelle Notre Père
Et qu'on dit si bon et si doux
Je vous aime — autant que j'espère
Et crois en Vous.

Vous qui veillez sur notre couche,
Votre Nom — que j'ai blasphémé —
Qu'il soit béni par toute bouche
Et mieux aimé.

Que Votre Règne se répande
Davantage sous tous les cieux;
Et que la France soit plus grande
Devant vos yeux.

Que Votre Volonté divine
Nous soit aussi douce qu'un miel
Comme elle est faite, j'imagine,
Dans Votre ciel.

Donnez-nous le pain qui fait vivre
Et répare nos durs efforts,
La vérité qui nous délivre
Et nous rend forts.

A cause de notre faiblesse
N'ayez pour nous que des pardons,
Tout comme nous à qui nous blesse
Nous pardonnons.

Eloignez de nos pieds l'abîme
Qui borde partout nos chemins.
Contre le démon qui décime
Tendez Vos mains...

Et s'il faut qu'ici je succombe,
Venez apaiser mes effrois...
Et puis... bénir... ma pauvre tombe...
De Votre Croix...

LE POILU, *qui a assisté de loin à cette scène, vaguement attendri, après un léger haussement d'épaules, maintenant que le Bleuet a l'air de s'endormir.*

Pauvre petit!.. La peur de la mort qui nous guette?..
Ces jeunes ont encore une âme un peu simplette...

Philosophe.

Ici chacun bâtit son rêve à sa façon.

Après un silence.

O chers miens, dont j'entends dans vos lettres le son
Et qui tenez, la nuit, en éveil, ma paupière!..

Regardant soigneusement autour.

Rien ne bouge?.. Venez...

Sortant un paquet de lettres qu'il lit plutôt de mémoire.

« Je t'écris, mon grand Pierre.
C'est mon seul bon moment de tout le jour, tu sais.
Jeannette est sage. Paule obtient quelque succès,
Petit Pierre grandit, grandit que c'est merveille.
Nos Trois!... Si tu voyais, sitôt qu'on les éveille,
C'est à toi le premier qu'ils donnent leur baiser...
Je vais bien: que ce mot puisse au moins t'apaiser.
Grand'mère m'aide « un peu beaucoup » pour le [ménage]
J'ai bêché tout ce jour. Rien de neuf au village:
Les blés sont roux, la vigne est toute en floraison.
Mais quand reviendras-tu, mon Pierre, à la maison?..
Que Dieu te garde à nous: je Le prie en mon âme.
Si tu priais aussi?... Fais-le pour moi. Ta femme ».

Ouvrant une seconde lettre.

« Papa, je suis bien sage, et j'ai su ma leçon.
Ce jeudi nous avons pêché du gros poisson.
Et puis on a planté des fleurs sur la terrasse.
Maman fait ton colis. Jeannette qui t'embrasse ».

Autre lettre.

« Mon cher papa, merci pour l'anneau très joli.
Nous finissons ta lettre avant d'aller au lit,
Mais petit Pierre est là, qui veut aussi t'écrire
Et je lui tiens les doigts — ça va te faire rire! —
Pour qu'il signe son nom. Je viens de repriser
Tes chaussons pour l'hiver. Reçois un gros baiser
De nous tous. A bientôt. Petit Pierre et Paulette ».

Attendri.

Ça m'aurait, dans le temps, fait hausser... l'épaulette.

Un silence. Tout en regardant ses lettres, presque faiblard, mais en ayant conscience.

Qu'il ferait bon, chez soi, dans son petit manoir!..

LE BLEUET, *qui s'éveille au moment.*

Comment pouvez-vous lire, au milieu de ce noir?

LE POILU.

Je devine. Les yeux n'ont pas besoin de lampe
Quand — mieux que le soleil qui nous brûle à la [tempe] —
Dans le nid de son cœur on a l'autre soleil.

Au Bleuet qui se rendort.

Rendors-toi, mon petit. Profite du sommeil:
Qu'un rêve de bonheur caresse ta paupière.

Reprenant ses lettres.

Paulette... un gros baiser... Jeannette... petit Pierre...
Je vous revois. Je viens à vous à tout moment.
Ces lettres ô chers miens, qui me sont un calmant,
Si je reviens — plus tard — à l'ombre de la vigne,
Je vous les redirai sans omettre une ligne...

Pendant qu'il remise ses lettres, bourre sa pipe, se prépare un abri, etc... une clarté douce, mystérieuse, laissant deviner au milieu comme un ange protecteur, bénissant, paraît au-devant du Bleuet endormi... Le Poilu, occupé à ce moment, n'a rien pu voir.

LE BLEUET, *s'éveillant.*

Où donc est-il passé?

LE POILU.

Qui?

LE BLEUET.

Mais, Lui!..

LE POILU.

Lui?..

LE BLEUET, *tout plein de son rêve.*

Celui
Qui vient nous visiter, dont la lumière a lui;
Au manteau rose, blanc et bleu — couleurs de
[France] —
Et qui dans ses doigts purs porte la délivrance...
Ne l'avez-vous pas vu?..

LE POILU, *qui comprend et a pitié.*

Mais parmi tout ce noir
Et ce vide, comment aurais-je pu le voir?..

LE POILU, *revenant à la réalité.*

Il est parti...

LE POILU, *répétant.*

Parti...

LE BLEUET.

... Portant ailleurs son rêve...

LE POILU.

Tu grelottes, petit?..

LE BLEUET.

C'est qu'on veille sans trêve.

LE POILU.

Mais songe que tu tiens la victoire en ta main
Et que demain l'on va s'en retourner...

LE BLEUET.

Demain?

LE POILU.

Oui, demain. Tout le temps on va faire ripaille,
Manger chaud et coucher sur des bottes de paille.

LE BLEUET.

J'ai froid. Si l'on avait au moins un peu de feu?

LE POILU.

Mais, demain, nous aurons de tout ce que l'on veut:
On n'est pas mal; la vie ici n'est pas trop dure.
A quoi donc penses-tu?

LE BLEUET.

Que si la guerre dure...

LE POILU, *l'interrompant.*

Il ne faut pas parler de ça: c'est ennuyeux...
Puisque nous la faisons la guerre... Et c'est bien [mieux!

Essayant de distraire le Bleuet, et lui prenant une lettre qui dépassait par l'une de ses poches.

Qui donc t'écrit?

LE BLEUET.

Maman.

LE POILU.

Puis après?

LE BLEUET.

Je n'ai qu'elle.

LE POILU, *incrédule.*

Avec ça?.. Ton amie est peut-être infidèle?..

LE BLEUET, *offensé.*

Dites!

LE POILU.

Plus que maman?.. Mais c'est déjà beaucoup.
Que fait-elle, là-bas?..

LE BLEUET, *simplement.*

Elle attend. Elle coud,
Fait des ménages, veille et se prive et s'affame
Afin de m'envoyer de tout — la pauvre femme.

LE POILU.

Mais tu la reverras.

LE BLEUET.

Peut-être, un jour... Maman!..

LE POILU.

Elle est encore jeune?..

LE BLEUET.

Elle l'était — avant
Mais elle a tant souffert que ses yeux se débrident.

LE POILU.

Oui, cette guerre met sur tous les fronts des rides
Et de son poids trop lourd double et triple les ans.

Un silence, pour changer.

Les miens, si tu voyais comme ils sont caressants!
J'en ai trois, se suivant d'assez près: tout ça pousse...
Je vois mon petit Pierre en costume de mousse.
Jeannette écrit sans faute — et Paule est un trésor:
C'est toute sa maman. Seize ans! Et ça vous sort
Des mots et du travail!.. c'est presque un militaire...

Avec intention.

Et chez toi, que fais-tu?..

LE BLEUET.

Je travaille la terre.

LE POILU.

Tu me plais. J'aime ça.

On entend un bruit de pas qui se rapprochent.

LE BLEUET.

Quelqu'un?..

LE POILU.

En ce moment?..

LE BLEUET, *inexpérimenté, naïf.*

La relève qui vient...

LE POILU.

Ce n'est qu'un Allemand!..

SCÈNE II

LE POILU, LE BLEUET, LE SOLDAT ALLEMAND

Par le bout de la tranchée, apparaît en effet un soldat boche, qui jette ses armes, lève les bras en l'air, dans la pose classique.

LE POILU, *au boche qui fait piteuse mine.*

Mon gros, tu te crois donc encore à la parade?

L'ALLEMAND, *ne cessant de geindre.*

Kamarade!

LE POILU.

Avec ça, que veux-tu?

L'ALLEMAND, *significatif.*

Kamarade!

LE POILU.

Ah! oui... le ventre creux, et ça chante glouglou?..
La faim t'a fait sortir du bois, mon pauvre loup!
Et tu n'es pas fâché...

Au Bleuet.

Donne-lui sa pitance.

Au prisonnier qui dévore à pleines dents.

Je croyais qu'on nageait chez vous dans l'abondance?
Alors, pour quand c'est-il la débâcle, la fin?..
Ici, chez nous, vois donc : si parfois l'on a faim
— Car, c'est depuis déjà trop longtemps que ça dure —
Ce n'est que d'en finir avec votre kulture...
Vous nous l'avez assez drogué notre pain blanc!..

LE BLEUET.

Il ne vous comprend pas.

LE POILU.

Il ne fait que semblant.

LE BLEUET.

On va le renvoyer?

LE POILU.

On le tient, on le garde:
Puis, ce n'est pas à nous que la chose regarde.
Une fois par là-bas, sur la côte d'azur,
On lui fera casser...

L'ALLEMAND, *à part, entre ses dents.*

Ça, ce n'est pas bien sûr.

Rassasié, il essaie de reprendre ses armes qui gisaient à terre, et se relève.

LE POILU, *qui a vu ce geste, un peu goguenard, sûr de sa force.*

Déjà debout?... Alors, c'est fini la dînette?..
Et l'on partait sans dire une parole honnête?..
Chez nous, tu comprends bien, ça se passe autrement...

Preste, il a saisi l'homme aux poignets et le ligotte vigoureusement, avec des courroies, ce qu'il trouve...

Familier.

Laisse-toi faire, vieux!

L'ALLEMAND.

Tu serres « bougrement ».

LE POILU, *qui ne partage pas le même étonnement que le Bleuet, entendant l'homme s'exprimer ainsi.*

Cette fois, c'est sorti tout seul : c'était sincère.
Pauvre vieux, tu comprends?.. Il faut bien que ça [serre.

L'ALLEMAND.

Tu me fais mal!

SCÈNE III

LES MÊMES, LE *CHRIST*.

Un doux fantôme qui apparaît dans l'ombre sans que nul s'étonne, mais comme insoupçonné, imprécis jusqu'à la fin — major?.. aumônier?.. chef supérieur?.. avec ses longs cheveux qui lui font un casque de grisaille, sa jeune barbe, son manteau brun... toutes les apparences de l'un quelconque de nos braves héros, s'aventurant la nuit plus loin que son poste...

LE CHRIST.

Au poilu, mais sans reproche.

Pourquoi l'attachez-vous ainsi?..

LE POILU, *interdit, sans lâcher son homme.*

Mais parce que... je ne sais pas...

LE CHRIST.

Il est transi.
Vous allez le briser comme un morceau de verre
Si vous continuez.

LE POILU, *s'enhardissant.*

Que voulez-vous en faire?

LE CHRIST.

Le délivrer.

Avec insistance, aux deux hommes qui hésitent, ne comprenant pas.

Mais oui, parce qu'il ne sait pas...
Et — s'il veut — le laisser revenir sur ses pas.

Expliquant.

La victoire serait facile et ridicule
s'il ne fallait qu'attendre après un monticule;
On doit compter pour rien un homme qui se rend,
Ce n'est pas dans le jeu. Les prisonniers qu'on prend
Les armés à la main, sous les balles plus promptes,
Dans le feu des assauts, ce sont les seuls qui comptent.
On ne fait pas la guerre avec un hameçon...

LE POILU, *à part.*

D'où sort-il, celui-ci qui nous fait la leçon?

L'ALLEMAND, *gauche, au bel inconnu.*

Kamarade!

LE CHRIST.

Le mot qui trop souvent nous leurre,
Il vaudrait mieux ne pas le redire à toute heure.
Dire et faire sont deux: mais « faire» est le meilleur.
Et « dire » sans le « faire » est une non-valeur.

La loi de Dieu n'est pas une loi de parade:
Il ne se trouve ici de seul vrai camarade
Que celui qui, pareil à l'homme de Sichem,
N'a d'unique souci que celui du prochain;
S'arrachant, comme on dit, le morceau de la bouche
Pour le donner au pauvre — et lui cédant sa couche
Pour qu'il puisse dormir en paix toute la nuit.
Si vous saviez comme la colère vous nuit
En vous fermant les yeux sur votre âme d'argile...

LE POILU, *ayant complètement délivré le Boche.*

On le laisse partir?..

LE CHRIST.

C'est bien dans l'Evangile:
N'ayez pour l'agresseur haine ni préjugé.
Qui jugera son frère est lui-même jugé.
Le pardon absolu fait plus que la vengeance.

LE POILU.

Il faudrait pardonner cette vilaine engeance
Qui frappe dans le dos et mord comme des loups!..
Sales boches!..

LE BLEUET.

C'est dur!

LE CHRIST.

Il n'est rien de plus doux:
Plus grand était l'offense et plus grand le mérite!
Il faut même éviter les mots dont on s'irrite:
Quand il voulait réprimander une âme sœur
Le Christ ne se servait que des mots de douceur...

Au prisonnier.

Au nom du même Christ qui vous apprend à vivre,
Retourne d'où tu viens: c'est Lui qui te délivre.

Tu leur feras connaître aux tiens qu'il n'est d'humains
Que ceux qui n'ont ici jamais sali leurs mains...

Le Boche, désormais libre, peut s'en retourner, à moins qu'il ne reste jusqu'à la fin, témoin impassible, dans un coin d'ombre.

LE POILU, *qui ne comprend pas bien.*

Pourquoi les plaignez-vous ceux qu'il faut qu'on [maudisse]

LE CHRIST.

Le règne de la paix se fonde en la justice.
Dans les desseins de Dieu rien n'est indifférent:
Il faut être indulgent à celui qui se rend,
D'autant plus indulgent que tu le crois indigne.
Dieu ne vous a donné ni parole ni signe
Qui puisse vous fixer sur ce que chacun vaut.
De peur de vous tromper sur la mesure, il faut
Faire la part à tous, quel qu'on soit ou paraisse:
Ensuite c'est Dieu seul qui bénit ou redresse.

LE POILU.

Mais qui donc êtes-vous?

LE CHRIST.

Un des vôtres.

LE POILU.

Un chef?..

LE CHRIST.

Un ami simplement.

LE POILU.

Ce mot-là, c'est trop bref:
Et pour vous « balader » dans la première ligne,
En pleine nuit, vous ignorez donc la consigne?..

LE CHRIST.

J'ai tous les droits d'aller partout où des soldats
Sont en éveil — afin qu'ils se sentent moins las!..
Afin que si l'un d'eux, parfois trop jeune, hésite...
— Pour l'aider à franchir le parapet plus vite —
Je sois là, moi, Celui — tu vas donc le savoir! —
Qui n'a pas d'autre but ici que le Devoir...

LE POILU, *cherchant.*

Ah?... vous êtes?..

LE CHRIST.

Celui qui, par les pentes sûres,
Va droit aux moribonds, recherche les blessures,
Et ramène souvent, pareil au bon pasteur,
Le blessé dans ses bras, là, tout contre son cœur
Et non pas sur le dos — de peur que, meurtrière,
Une balle ne siffle à la tranchée arrière...

LE POILU.

Ah!.. vous êtes?..

LE CHRIST.

Celui qui fait fi des abris...
On n'est grand qu'en faisant son devoir à tout prix!..
Quand la voix du Pays crie: Aux armes! A l'aide!
Il faut donner chacun tout ce que l'on possède:
Son sang, son or, sa voix, sa plume, son regard...
Nul ne peut sans faillir demeurer à l'écart.
C'est avec tous les « peu » des cœurs droits et sin-
[cères
Que toujours l'on obtient les appoints nécessaires.

LE POILU.

Ah!.. vous êtes?..

LE CHRIST.

Celui qu'on voit toujours debout
Sur tous les points du front, invincible, partout
Où vous tombez, braves petits soldats de France!..
Celui qui sur les morts vous parle d'espérance...
Celui qui vient, tandis que tonne le canon,
Vous enseigner l'amour, vous porter le pardon...

LE POILU.

Ah!.. vous êtes?..

LE BLEUT, *continuant et expliquant.*

...Monsieur l'aumônier.

LE POILU.

Ah?...

LE BLEUET, *d'un air de: Comment n'aviez-vous pas compris.*

Sans doute.

LE POILU, *rectifiant la position, salut militaire.*

Ah!.. j'ignorais, pardon!.. Cette nuit noire toute...

LE CHRIST, *rassurant.*

Je n'ai pas de galons: c'est bon pour les humains...
Mais j'ai mieux que cela: mes enfants, votre main...

Il tend ses deux mains que le poilu et le Bleuet osent à peine effleurer de la leur, embarrassés.

... Car c'est vous qui portez les destins de la France.
Braves soldats, mes frères par votre souffrance,
Devant qui l'on devrait se mettre à deux genoux!..
Car, ils sont si pareils, les soldats de chez nous,
Au Christ qui fit lever l'humanité dans l'ombre,
Portant le poids des jours, l'affre des nuits sans nombre

Et répandant leur sang, afin que de nouveau
Le monde rajeuni sorte de son tombeau...

LE BLEUET, *ravi, au Poilu.*

C'est Lui que je voyais dans mon rêve,

LE CHRIST, *au Bleuet.*

Regarde,
Toi pour qui les plus vieux montent toujours la garde...

Au poilu.

Et toi, qui dus lutter contre toutes les morts,
Ignorant ce que c'est dans l'âme le remords...
Lorsque vous revenez chaque fois sans blessure,
Ne le sentez-vous pas dans votre âme plus sûre
Que quelqu'un a prié pour vous — quelqu'un de cher
Et qui vous aime autant, sinon plus que la chair...
Qu'il en est, comme vous, dont la Foi somnolente
Pour retrouver les mots d'une prière lente
— Ces prières d'enfant qu'on dit comme l'on peut —
N'aurait besoin que de se réveiller un peu...
C'est Dieu qui tient les fils et déroule l'Histoire.
Si vous avez la Foi, vous aurez la victoire.

LE POILU.

Ce n'est plus de notre âge.

LE CHRIST.

On n'est jamais trop vieux.
Que pouvez-vous savoir, ne croyant qu'en vos yeux?..
L'horizon est si court et tant d'ombres nous bernent!
Vous croyez bien pourtant en ceux qui vous gou-
[vernent,
Vous, qu'on voit confiant — et dont le casque luit.
Pourquoi ne croyez-vous au Grand Chef, à Celui

Qui regarde, là-haut, et dans l'avenir taille,
— Avant de décider de la grande bataille,
Sans se presser jamais — il a pour lui le Temps! —
Mesure, compte, pèse et, très doux, vous attend...
Ne le savez-vous pas que, s'il la fit si belle,
Notre France, c'est pour la garder éternelle...
Et le Christ est venu partager vos combats.

LE POILU.

Comment pourrais-je croire en ce qu'on ne voit pas!

LE CHRIST.

Vous avez bien quelqu'un sans doute à l'arrière
Qui pour vous aura dit, très tendre, une prière,
Avant de se coucher, mains jointes, à genoux?..

Mystérieux.

Petit Pierre, Jeannette, Paule...

LE POILU, *dans l'effarement.*

Mais qui vous
A renseigné si bien?.. Je ne connais personne...

LE CHRIST.

Je sais lire dans l'âme — et la tienne fut bonne.
J'ai vu tous tes secrets,

Indiquant le Bleuet.

... et ceux de cet enfant:
Il fait bon de venir à moi comme en rêvant,
Pour recevoir la Paix que seul le Père donne.
Heureux ceux qui n'ont pas besoin qu'on leur par-
[donne!

LE POILU.

Vous donc qui savez tout, pourrai-je un jour revoir
Les miens que j'ai laissés?..

LE CHRIST.

Que te fait de savoir?
Le Père de tous temps s'est réservé ses heures:
Ce voile sur demain fait les âmes meilleures,
Les tenant en éveil quand la nuit va venir...
Qu'on en voit s'écrouler, n'ayant pas su « tenir »!..
Mais que d'autres aussi, que la souffrance affine,
Se vêtent, dans le temps, d'une rose patine!..
De l'*amère* souvent est fait le plus doux miel:
Il faut savoir attendre et s'en remettre au ciel.

LE POILU.

Les jours nous sont si longs et les nuits sans étoiles.

LE CHRIST.

Parce que sur vos yeux il reste encor des voiles.
Qui veut travailler seul sans le concours divin,
Sur le sable édifie et son labeur est vain.
Appuyez-vous sur Dieu dont la grâce demeure.
Un seul mot de prière abrège aussi les heures...
Quand vous serez rendus à vos travaux d'avant,
Vous vous ressouviendrez un peu de moi...

LE BLEUET, *comme en rêve.*

Maman!

LE CHRIST.

J'en avais une aussi, toute bonne, très douce,
Me faisant de son cœur un oreiller de mousse,
Dont l'âme — tel qu'un lis de neige et d'or — brillait
Et qui, pour m'empêcher de pleurer, souriait...
On a toujours besoin de quelqu'un qui vous aime.

LE POILU.

La guerre a trop duré.

LE CHRIST.

Ne dis pas de blasphème.
Crois-tu — sois donc sincère — en un Dieu juste, bon?..

LE POILU.

Je crois ce que je vois.

LE CHRIST.

Dieu peut te faire don
De la Foi, si tu veux, ô Thomas l'Incrédule,
Qui ne croit qu'en ses yeux...
Si l'ennemi recule
Et se terre plus loin, chaque nuit, vers le nord,
Crois-tu donc que ce soit pour vos engins de mort
Qui ne font qu'un charnier de cette immense plaine?..

Comme à part, avec un infini regret dans ses yeux.

— J'étais venu pourtant pour chasser toute haine! —

Reprenant.

... Ce n'est que devant Dieu qu'il recule, devant
Votre Grand Allié qui fait souffler le vent
Comme il veut, quand il veut, mais toujours à son [heure
Faut-il donc que le peuple où Dieu fit sa demeure
Soit toujours le dernier à connaître sa voix!.

LE POILU.

Pourquoi la guerre, alors?..

LE CHRIST, *condescendant.*

Approche, écoute, vois:
Pourquoi sont-ils si peu, les vrais hommes sincères?
En venant parmi vous épouser vos misères,
Le Christ vous apportait la vie en son ampleur...
— L'homme toujours est l'artisan de son malheur —

Et que de fois pourtant, tout le long de la route,
Ne vous l'a-t-il pas dit: Bienheureux qui m'écoute
Et qui vient pour manger mon pain substantiel...
C'est la Paix que chantaient les anges dans le ciel...
Aimez-vous: dépouillez tout ce qui peut déplaire,
Vous — les fils de la grâce et non de la colère...
Laissez aller les morts se coucher sur les morts...
Oh! quand viendra le Temps, quels seront les remords
De l'« énorme Teuton » (1) dont la science habile
A, dans un vil calcul, contrefait l'Evangile!..
Pouvez-vous oublier les mots graves et doux,
Les seuls vrais mots divins: Aimez-vous, aimez-vous!..
C'est si bon de s'aimer pour des âmes sincères!
L'amour et le pardon, c'est le « seul nécessaire »...
C'est le premier et le plus grand commandement:
On ne reçoit sa part de bonheur qu'en aimant.
Aimer! Toute la loi de ce mot se réclame,
C'est tout le ciel, aimer! Un corps, un cœur, une âme!
Si le Christ est venu sur la terre, c'est pour
Ne prêcher que la Paix, ne bénir que l'Amour.

LE BLEUET.

Dieu devrait avancer l'heure de délivrance.

LE POILU.

N'avons-nous pas assez enduré de souffrance?

LE BLEUET.

Nous direz-vous pourquoi Dieu nous éprouve ainsi?..

LE CHRIST.

... Pour que son œuvre soit plus manifeste ici.

---

(1) Mot du pape Pascal II (1118).

Quand plus lourde sa main s'abat sur vous — qu'il
[semble
Qu'il va broyer d'un coup la terre toute ensemble,
Ce n'est presque jamais, dans ces temps affaiblis,
Pour recouvrer l'équivalant de vos délits,
Ni pour vous demander le compte de votre âme
Dans toute sa rigueur — de même qu'on réclame
Leur dette tout entière à de mauvais payeurs...
Mais c'est...

LE POILU.

C'est?..

LE CHRIST.

... seulement pour vous rendre meilleurs.

Avec son même infini regret et comme à part.

J'étais venu pourtant pour n'enseigner aux hommes
Que la paix et l'amour!

LE BLEUET.

Les ingrats que nous sommes!

LE CHRIST.

Un jour, plus tard, quand cette guerre aura pris fin,
Vous saurez que compter sur les autres est vain:
Car il ne faut compter que sur Dieu — puis soi-même.
Ceux qui nous trahiront sont de ceux qui nous
[aiment...
Les plus beaux prometteurs nous ont souvent déçus...
Le mal paraît avoir un moment le dessus
Mais Dieu ne lui permet ni le temps ni l'espace...
Rien n'est définitif dans ce monde qui passe...
Il ne reste de nous — et la gloire c'est ça! —
Que ce qu'on a donné, le tort qu'on redressa,

La garde que l'on prend pour que d'autres reposent,
L'ennemi secouru, mille petites choses
Que l'on fait sans savoir — parce que ça fait bien...
Et la guerre à toute heure en donne le moyen...
Mais surtout celle-là, dont les autres profitent,
D'aller droit où l'on meurt, afin que le plus vite
Le pays retrempé dans tant de sang, enfin!..
Se redresse sauvé... Cela seul n'est pas vain
De faire de sa vie un entier sacrifice
Pour que règne ici-bas un peu plus de justice.

LE POILU, *ébranlé.*

Nul n'a tenu jamais un langage si doux,

LE BLEUET, *revenu à son rêve.*

C'est Lui que j'avais vu...

LE CHRIST.

Se dévoilant tout à coup dans la pleine lumière, en manteau rose et bleu sur sa tunique blanche, tel qu'aux beaux jours de Palestine.

La Paix soit avec vous!

LE POILU ET LE BLEUET, *agenouillés soudain, après un long moment d'extase, rappelant quelque peu Pierre au Thabor: « il fait bon ici »..*

Restez donc avec nous!.

LE CHRIST.

Mais vous êtes en guerre...
Le Christ pour vos erreurs doit vous la laisser faire...

Avec le même regret dans ses beaux yeux tristes.

J'étais venu pourtant ne vous dire, très doux,
Que les mots de la Paix: Aimez-vous! Aimez-vous!..

Reprenant.

Mais lorsque vous aurez délivré la frontière,
Sachez vous souvenir, regarder en arrière...

LE BLEUET.

Restez donc avec nous pour nous bénir...

LE POILU.

Oh! oui...

LE CHRIST.

Le Christ peut-il bénir ce qui tue et détruit!..
Il faut partout que l'on pardonne et que l'on s'aime:
Car c'est la Paix et c'est l'Amour que le Christ sème!..
Le règne des mauvais n'est qu'un songe subtil.

Les mains étendues tout de même dans une bénédiction d'apothéose.

Dieu protège toujours la France!..

LE POILU ET LE BLEUET.

Ainsi soit-il!..

RIDEAU.

— IMPRIMERIE —
GABRIEL ENAULT
MAMERS - SARTHE
13.257 — 10-1928

www.ingramcontent.com/pod-product-compliance
Ingram Content Group UK Ltd.
Pitfield, Milton Keynes, MK11 3LW, UK
UKHW020225180726
13838UKWH00005B/2197